Boas razões para deixar de fumar

COLEÇÃO PENSAR POSITIVO

Adeus à insônia e... ZZZZZZZZZZ
Rosalba Hernández

Afaste-os das drogas com jogos criativos
Adriana Gómez Clark

Bebês felizes com exercícios, jogos e massagens
Clara María Muñoz Gómez

Boas razões para deixar de fumar
María del Rosario Herrera Ardila

Como superar as perdas na vida
María Mercedes P. de Beltrán

Desenvolva sua inteligência emocional e tenha sucesso na vida
María Mercedes P. de Beltrán

Disciplina sim, mas com amor
Annie Rehbein de Acevedo

Encontre as forças do amor familiar e... viva-as
Gloria Luz Cano Martínez

Gotas de ânimo para descobrir as coisas simples da vida
Margot Vélez de Pava

Pensar positivo – Mude o disco de sua mente
María Mercedes P. de Beltrán

Posso aprender antes de nascer
Myriam Silva Gil

Preocupe-se menos... e viva mais!
María Mercedes P. de Beltrán

Separação saudável, filhos estáveis
Annie Rehbein de Acevedo

Ser feliz! A decisão é sua
María Mercedes P. de Beltrán

Sou adolescente... Entenda-me!
Ángela Marulanda Gómez

Vença a timidez com sucesso!
Dora Salive e Nubia Díaz

Você pode sair desta crise
María Mercedes P. de Beltrán

Voltar a viver... após a morte de um ente querido
Claudia Beltrán Ruget

María del Rosario Herrera Ardila

Boas razões para deixar de fumar

*Plano progressivo, semana a semana,
e outros métodos para transformar-se
em um ex-fumante*

Dados Internacionais de Catalogação na Publicação (CIP)
(Câmara Brasileira do Livro, SP, Brasil)

Herrera Ardila, María del Rosario
   Boas razões para deixar de fumar : plano progressivo, semana a semana, e outros
métodos para transformar-se em um ex-fumante / María del Rosario Herrera Ardila ;
[tradução Cristina Paixão Lopes]. – São Paulo : Paulinas, 2007. – (Coleção pensar
positivo)

   Título original : Buenas razones para dejar de fumar
   ISBN 978-85-356-1940-9 (Paulinas)
   ISBN 958-8204-24-0 (ed. original)

   1. Dependência química 2. Tabaco - Aspectos psicológicos 3. Tabaco - Efeitos
fifiológicos   4. Tabaco - Hábito   5. Tabaco - Hábito - Prevenção   I. Título.
II. Série.

07-0314   CDD-362.2967

Índices para catálogo sistemático:

1. Tabaco : Vício : Prevenção : Bem-estar social   362.2967
2. Tabagismo : Prevenção : Bem-estar social   362.2967

Título original da obra: *Buenas razones para dejar de fumar*
© A Uno A Editores, Bogotá, 2005.

Direção-geral: *Flávia Reginatto*
Editora responsável: *Luzia Sena*
Assistente de edição: *Andréia Schweitzer*
Tradução: *Cristina Paixão Lopes*
Coordenação de revisão: *Marina Mendonça*
Revisão: *Patrizia Zagni*
Direção de arte: *Irma Cipriani*
Gerente de produção: *Felício Calegaro Neto*
Projeto gráfico: *Telma Custódio*
Capa e editoração eletrônica: *Renata Meira Santos*
Ilustrações: *Vasqs*

Nenhuma parte desta obra pode ser reproduzida ou transmitida por qualquer forma e/ou
quaisquer meios (eletrônico ou mecânico, incluindo fotocópia e gravação) ou arquivada
em qualquer sistema ou banco de dados sem permissão escrita da Editora. Direitos reservados.

Paulinas
Rua Pedro de Toledo, 164
04039-000 – São Paulo – SP (Brasil)
Tel.: (11) 2125-3549 – Fax: (11) 2125-3548
http://www.paulinas.org.br – editora@paulinas.com.br
Telemarketing e SAC: 0800-7010081
© Pia Sociedade Filhas de São Paulo – São Paulo, 2007

Amigo

Com toda certeza este livro está em suas mãos por alguma das seguintes razões:

- ... você é um fumante ativo e gostaria de deixar de sê-lo, mas precisa de um "empurrãozinho";

- ... é um fumante passivo, em casa ou no trabalho, e quer ajudar o "chaminé" a deixar o hábito;

- ... conhece alguém que é vítima desse vício, que já fez mais de uma tentativa para abandonar o cigarro sem conseguir, e você quer descobrir como ajudá-lo.

Qualquer que seja o caso, o propósito deste livro é lhe dar – em poucas palavras e sem "sermões" – a informação básica que o encha de argumentos... seja para encontrar o impulso que falta para você se decidir de uma vez por todas, seja para descobrir como persuadir alguém a deixar o vício.

Então, se seu caso é que você não está totalmente convencido a deixar de fumar..., se ainda não tiver se perguntado quantos anos quer viver e com que qualidade de vida..., quando terminar de ler este livro certamente não desejará continuar "amarrado" a algo que já demonstrou ser causa de:

- ataques cardíacos;

- infartos;

- bronquites crônicas graves;

- problemas de circulação, que podem acabar em amputação, câncer de pulmão, câncer de estômago e aborto.

Também deverá estar pensando seriamente em agir *já*, porque...

- não quer que seus filhos sigam seu exemplo;

- é proibido fumar na empresa em que trabalha, e em muitos lugares públicos você é "exilado" na área de fumantes;

- um filho seu tem asma e a culpa é da fumaça dos seus cigarros;
- você está grávida;
- sabe que "cheira a cinzeiro";
- os não-fumantes o repelem;
- os alimentos perderam o sabor;
- deseja uma vida mais longa;
- quer estar em forma;
- não quer ter uma pele enrugada prematuramente;
- tem vergonha de suas unhas, dedos e dentes amarelados pela nicotina.

Convidamos você, então, a pôr em prática um dos métodos – o que mais se ajustar à sua personalidade – mencionados aqui. São fórmulas e recursos que surtiram efeito em milhares de pessoas que hoje são ex-fumantes.

Propomos que você tire de sua vida esse pequeno, mas prejudicial, inimigo que, a cada instante, está roubando seu dinheiro, sua saúde e até a própria vida!

*Bem-vindo ao outro lado
da cortina de fumaça.*

CAPÍTULO 1

Fumar é um prazer

Muitas pessoas que fumaram por muitos anos conseguiram deixar o cigarro assim que lhes foi diagnosticado um enfisema pulmonar. Sua motivação era tão forte que conseguiram abandonar o hábito quase imediatamente. E sabemos... a primeira coisa necessária para acabar com um vício é ter uma grande motivação que, além disso, lhe permita perseverar em sua intenção.

Existem inúmeras razões para parar de fumar. O importante é que você encontre a sua, aquela que realmente lhe dê motivação para conseguir. Vamos descobri-la!

Por que você fuma?

Você fuma porque... seu pai fumava, porque seu avô vivia com um cachimbo na boca, ou porque seus tios-avós eram felizes com o tabaco de antigamente? Já chegou a pensar que fuma porque "acredita" ter "herdado" o gosto pelo tabaco?

Se for assim, saiba que o hábito de fumar nada tem a ver com herança genética, como acontece com o álcool. Então olhe lá para trás, force a memória e visualize a primeira tragada. O que o levou a ela?

Poderíamos responder por você, com bastante segurança: a maioria das pessoas, senão todas, inicia o hábito de fumar para "estar na moda", "sentir-se adulto", "não ficar por fora" e "fazer parte da turma". A partir daí o indivíduo procura dar a si mesmo – e aos que o questionam – explicações que justifiquem sua atitude, chegando a se convencer de que... "na verdade, fumar tem seus benefícios".

Vejamos alguns dos argumentos mais comuns.

O cigarro me dá energia para começar o dia

Se você pensa assim, deve saber o motivo dessa suposta energia. Enquanto você dorme, seu organismo consome a nicotina que recebeu durante o dia. É por isso que, pela manhã, o corpo – habituado a ela – pede sua "dose" e, se não a receber, o fumante sente que é "difícil se concentrar" para iniciar sua rotina diária.

O cigarro me ajuda a permanecer alerta quando passo a noite trabalhando ou estudando

Está certo. A nicotina dispara a produção de catecolaminas (substâncias normalmente elaboradas pelo corpo), as quais fazem o coração bater mais rápido e o sangue circular com mais velocidade. Isto, por sua vez, produz estresse no organismo, levando o fumante a permanecer alerta. Quando passa o efeito da nicotina, o fumante sente necessidade de acender outro cigarro, e assim sucessivamente.

O cigarro me dá tranqüilidade quando estou nervoso ou alterado

Alguns fumantes relatam que, quando estão tensos, o cigarro atua como um calmante. Na realidade, o simples fato de terem-no entre os dedos os faz sentir seguros, entretidos. Até os ajuda a dissimular a timidez. O cigarro é como uma bengala que sustenta a pessoa em momentos de tensão ou insegurança. Por algum motivo, quem fuma tem a impressão de tornar-se atraente.

A lista de benefícios poderia continuar: faz passar o frio, acalma a fome, ajuda a passar o tempo, faz companhia... e segue-se toda sorte de explicações, de naturezas fisiológica e psicológica, para respaldar cada um desses argumentos.

O cigarro parece, de fato, dar prazer a quem o consome. Entretanto, a verdade é que muitas das razões usadas pelos fumantes para continuarem seu vício são apenas mitos. Por exemplo:

Mito	Realidade
"Não sinto que faça mal. Acho que ainda preciso fumar muito para notar os efeitos do tabaco."	Um único cigarro eleva a pressão arterial por 15 minutos e aumenta a freqüência cardíaca em 10 a 15 batimentos por minuto.
"Na realidade, eu não fumo muito, pois quase todo o cigarro se queima no cinzeiro."	A última porção do cigarro é a que tem maior concentração de substâncias tóxicas.
"Se falarmos em poluição, o ar da cidade é mais tóxico que o cigarro."	O tabaco causa 30% de todos os casos de câncer diagnosticados, enquanto apenas 2% se devem à poluição ambiental.

"Eu prefiro o tabaco louro porque é menos tóxico que o negro."	O tabaco louro, utilizado na fabricação de algumas marcas de cigarro, oferece uma concentração de alcatrão mais alta do que o negro. E o alcatrão é um dos compostos mais cancerígenos do tabaco.
"Eu prefiro os cigarros light *porque assim me exponho menos às substâncias tóxicas e cancerígenas."*	Os cigarros chamados *light* são igualmente prejudiciais: possuem menor quantidade de alcatrão e nicotina, mas contêm as mesmas substâncias mencionadas nas páginas 19-20.
"No fim das contas, todos vamos morrer de alguma coisa."	Sim, com certeza. Mas consumir cigarros é uma conduta suicida, pois equivale a matar-se pouco a pouco.
"Quando deixei o cigarro me senti péssimo. Definitivamente, o remédio é pior que a doença."	Ninguém disse que é fácil atravessar e superar a síndrome de abstinência, mas ela dura apenas 1 semana, e em seguida o bem-estar geral é evidente.

"Eu preciso de um cigarro para começar o dia, para estudar e para trabalhar."	Você se habituou a fumar um cigarro para começar sua atividade, mas tente viver seus dias sem tabaco e verá como, em pouco tempo, recobrará a energia de que necessita.
"Se eu deixar de fumar, vou ganhar peso imediatamente."	Dados estatísticos levantados em diferentes países mostram que o aumento de peso é de apenas 2,8 quilos em homens e 3,8 quilos em mulheres. É preciso levar em conta que muitos fumantes, quando abandonam o tabaco, o substituem por guloseimas, biscoitos e sorvetes, que definitivamente contribuem para o sobrepeso.
"Os efeitos do cigarro sobre os não-fumantes limitam-se a enfermidades passageiras nos olhos e na garganta."	Os que convivem com um fumante convertem-se em fumantes passivos, já que a fumaça contém alcatrão, que é aspirado pelo não-fumante. Portanto, o risco de desenvolver câncer também é alto para quem não é fumante ativo.

CAPÍTULO

Por que **deixar** de **fumar?**

O que você me responderia se eu o convidasse a ingerir um veneno diariamente, pelo resto de sua vida, em pequenas, mas freqüentes doses, até que adoecesse ou morresse?

É isso que você faz ao fumar! O cigarro contém mais de *três mil substâncias tóxicas*, além da *nicotina*, encarregada de gerar vício, e do *amoníaco*, que acelera o processo. O cigarro também contém *chumbo*, *arsênico*, *cianureto*, *hidrogênio*, *benzopireno*, *formaldeído*, que é uma substância usada para embalsamar cadáveres, e muitas outras toxinas.

Os estragos causados pelo tabaco

Os pulmões talvez sejam os órgãos internos do corpo que têm mais contato com o mundo exterior e com sua contaminação; por isso possuem seus próprios sistemas de limpeza, para reduzir as infecções e lesões causadas pelos agentes externos.

Apesar disso, o contato direto com a fumaça do cigarro, do charuto ou do cachimbo lesiona os tecidos internos dos *brônquios*, dos *bronquíolos* e da *traquéia*, assim como os sistemas de defesa dos pulmões, facilitando o desenvolvimento de diversas enfermidades.

O que há de prejudicial no cigarro?

Nicotina: esta substância, classificada dentro do grupo dos alcalóides, é tóxica e causa vício. Quando consumida através do *cigarro*, é absorvida pelos *pulmões*, de onde passa para a corrente sangüínea e dali é conduzida aos receptores das células (ver, no capítulo 3, a seção Por que essa necessidade do cigarro?). A nicotina consumida na forma de *charuto* ou *cachimbo* é absorvida pelas *mucosas oral* e *nasal*, através do delicado tecido que recobre o interior da boca e do nariz; o sangue também passa ali. Os consumidores de cachimbo se diferenciam dos que preferem o cigarro porque a irritação causada pela fumaça não ocorre na boca, na traquéia nem nos pulmões, mas no nariz.

Uma vez no corpo, a nicotina faz que:

- os vasos sangüíneos se contraiam e aumente a freqüência dos batimentos cardíacos;

- a respiração seja estimulada;

- a acidez gástrica e o movimento intestinal aumentem;

- os níveis de colesterol, glicose (açúcar) e ácidos graxos no sangue se elevem;

- seja gerada uma sensação de excitação seguida por um estado depressivo.

Dióxido de carbono: é um gás muito tóxico, resultante da combustão do tabaco e do papel. Quando chega ao sangue, desloca o oxigênio presente nos glóbulos vermelhos, restringindo perigosamente o fornecimento de oxigênio a todos os tecidos corporais.

O dióxido de carbono de um cigarro tem concentrações superiores às encontradas em um ambiente industrial contaminado... e você o aspira com prazer todos os dias!

Substâncias cancerígenas: o *alcatrão* (substância resultante da combustão do tabaco) é um dos principais compostos do tabaco que provocam câncer, pois favorece as alterações genéticas e, com isso, a geração de células cancerígenas em diferentes partes do corpo.

Substâncias irritantes (formaldeído, ácido fórmico, fenóis, acroleínas): alteram os mecanismos de defesa das vias respiratórias, originando um mau funcionamento do tecido pulmonar.

O sistema de defesa do aparelho respiratório é constituído principalmente por minúsculos pelinhos (cílios) que "barram" as partículas estranhas vindas do exterior, evitando que entrem na traquéia, nos brônquios e nos bronquíolos. As substâncias irritantes afetam os cílios, tornando-os preguiçosos, depois os paralisam e, finalmente, matam as células que os compõem. Conseqüentemente, não executam a ação de limpeza que lhes cabe, de tal modo que as vias respiratórias internas ficam expostas a todo tipo de contaminação e partículas estranhas.

Quais são os males e danos físicos causados pelo cigarro?

Com os danos causados ao sistema de defesa do aparelho respiratório, inicia-se uma série de alterações progressivas, às vezes irreversíveis, que pode levar à morte do fumante. Entre esses males estão os seguintes:

Câncer: embora a fumaça do cigarro afete diretamente as vias respiratórias (*boca, laringe, pulmão*) que são as mais suscetíveis de desenvolver câncer, seus efeitos cancerígenos se estendem a outros órgãos do corpo, como o *esôfago*, a *bexiga*, o *pâncreas* (em ambos os sexos), os ovários, os seios e o útero (na mulher).

Para que você tenha uma idéia mais concreta dos efeitos devastadores do tabaco nas diferentes partes do seu corpo, diremos que...

- Noventa por cento dos casos de *câncer de pulmão* estão relacionados com o consumo de tabaco, principalmente do cigarro.

- O cigarro é responsável por 70% dos *cânceres de laringe*, onde são afetadas, particularmente, as cordas vocais.

- Metade dos casos de *câncer da cavidade oral* é causada pelo cigarro.

- O tabaco, associado ao álcool, aumenta as possibilidades de desenvolvimento de *cânceres de laringe, pulmão, cavidade oral, esôfago, estômago e mama.*

- Entre 30% e 40% dos pacientes com *câncer de bexiga urinária* são fumantes. Os consumidores de tabaco correm um risco quatro vezes maior de desenvolver esse tipo de tumor. Os dois sexos são afetados e, embora há alguns anos o tumor aparecesse a partir dos 60 anos de idade, atualmente a incidência aumentou nas pessoas que atravessam os 50.

- As pessoas que consomem de 30 a 40 cigarros por dia têm maiores probabilidades de sofrer de *câncer de pâncreas*. De fato, 30% dos pacientes de câncer de pâncreas têm histórico de consumo de cigarro.

Enfermidades pulmonares

- *Bronquite crônica*: a perda dos cílios provoca inflamação no tecido que recobre os brônquios pela exposição direta à fumaça e seus componentes. Em conseqüência, o muco – produzido normalmente pela mucosa bronquial – aumenta e não pode ser expulso com facilidade, pois os cílios eram os encarregados de fazê-lo. Para expulsá-lo, o fumante se vê obrigado a tossir freqüentemente, o que, por sua vez, produz mais irritação e tosse.

Às vezes, a bronquite se transforma em uma enfermidade tão grave que interfere definitivamente nas condições de vida do fumante; qualquer esforço, por menor que seja, provoca fadiga e asfixia, obrigando-o a permanecer praticamente imóvel.

- *Enfisema pulmonar*: os alvéolos pulmonares, onde acontece a troca do oxigênio pelo dióxido de carbono, também são afetados pela impossibilidade de os pulmões limparem seus próprios ductos. O aparelho respiratório exige dos alvéolos maior esforço para cumprir sua função. Esse esforço excessivo faz que, com o tempo, os alvéolos se dilatem e suas paredes se tornem espessas e cheias de cicatrizes; como conseqüência, perdem a elasticidade e, pouco a pouco, são destruídas. É o que se conhece como enfisema pulmonar.

Uma pessoa com tal alteração pode ser identificada pelo tamanho de seu tórax, muito grande e que não se move ritmicamente ao respirar, mas está em constante ação de inspirar o ar. Essa enfermidade incapacita até mais que a bronquite, e, o que é pior, a vida do enfermo corre risco permanente por falta de ar.

- *Asma*: embora não exista uma relação comprovada entre o consumo de tabaco e o surgimento da enfermidade, já se identificou que as substâncias contidas no cigarro propiciam o desenvolvimento do transtorno. Além disso, aumentam as crises de asma da pessoa asmática que decide fumar.

Hipertensão: como assinalamos anteriormente, a nicotina atua sobre os *vasos sangüíneos* fazendo que se contraiam e se tensionem, dificultando a livre passagem do sangue em seu interior. Assim, aumenta a pressão ou tensão exercida pela corrente sangüínca sobre as paredes desses ductos, o que é conhecido por hipertensão. Essa "doença silenciosa", como é chamada, afeta as artérias – que são os vasos encarregados de levar o sangue oxigenado do coração para os demais órgãos e tecidos.

A hipertensão é uma afecção crônica que não se faz anunciar por meio de sintomas e detectada apenas mediante avaliação médica. Se não for atendida e controlada oportunamente, pode afetar e lesionar órgãos como a retina e os rins. Além disso, pela contração dos vasos sangüíneos, pode ocasionar *acidentes vasculares cerebrais*, como *derrames* e *trombose*, bem como lesões graves no sistema circulatório das mãos e pernas.

Arteriosclerose e doenças cardiovasculares: como resultado da hipertensão, o interior dos vasos é lesionado, tornando-os suscetíveis ao desenvolvimento da *aterosclerose* ou *arteriosclerose* (endurecimento das paredes das artérias). Em virtude disso, as artérias perdem a elasticidade, o diâmetro interno pelo qual flui o sangue é reduzido e, em conseqüência, é alto o risco de que o fumante sofra de falhas cardíacas recorrentes ou até súbitas (*infarto cardíaco fulminante*) que podem levá-lo à morte.

De fato, comprovou-se – no mundo

inteiro – que os homens fumantes correm um risco superior a 70% de sofrer ataques cardíacos. Nas mulheres, a associação *tabaco-infarto* também existe, embora tenda a ocorrer mais tardiamente (depois da menopausa), em virtude de o estrógeno atuar como protetor da falha cardíaca.

Se você é fumante, homem ou mulher, e suspender o consumo de cigarro, a probabilidade de sofrer dessa afecção se reduz em 50% no primeiro ano de abandono e desaparece por completo passados 10 anos sem fumar.

Envelhecimento da pele (rugas): a pele enruga inevitavelmente com o passar dos anos. Cada organismo vive esse processo de maneira diferente. Entretanto, sabe-se que o tabaco é um dos fatores que podem influir no surgimento de rugas novas ou prematuras, particularmente no rosto.

Os compostos tóxicos do cigarro atuam de diversas formas sobre a pele:

- O *dióxido de carbono* substitui o oxigênio das células até matá-las. Assim, o tecido fibroso onde se encontra o colágeno – uma proteína que dá sustentação à pele – torna-se rígido e as fibras de elastina – que dão elasticidade à pele – são irreversivelmente danificadas.

- A *nicotina* causa constrição das artérias, o que reduz a irrigação sangüínea de todos os órgãos, entre os quais a pele. Ela se torna pálida, desidratada e enrugada. Como a *nicotina* gera tensão nervosa, aumenta também a secreção de gordura, que leva, em muitos casos, ao surgimento da acne.

Outras alterações: o consumo de tabaco dá origem a muitas outras alterações do organismo, desde a *perda dos sentidos do paladar e do olfato* até a *rouquidão crônica* (por prejuízo das cordas vocais).

Todo fumante está propenso a sofrer de inflamações leves (*gengivite*) e purulenta (*piorréia*) das gengivas, *coloração amarela dos dentes*, *dor de cabeça* e *diminuição do desejo sexual*. Algumas pessoas chegaram até mesmo à *impotência* e *esterilidade*. Da mesma forma, a pouca irrigação sangüínea para os folículos pilosos favorece a *queda de cabelos*, inclusive nas mulheres.

O cigarro durante a gravidez

Os principais perigos associados ao consumo de tabaco durante a gravidez e o parto são:

- aborto espontâneo;
- parto prematuro;
- baixo peso do bebê ao nascer;
- doenças respiratórias infantis;
- síndrome de morte súbita infantil ou morte do berço.

Efeitos sobre o fumante passivo

Como você certamente já sabe, quem acende um cigarro, charuto ou cachimbo perto das pessoas com quem convive ou trabalha transforma-as em fumantes passivas.

De que maneira? Ao aspirarem a fumaça, elas também aspiram nicotina.

E mais, a fumaça que se desprende de um cigarro aceso contém o dobro de nicotina e alcatrão que o inalado,

*três vezes mais de um composto
chamado 3.4 benzopireno (cancerígeno),
cinco vezes mais dióxido de carbono
e, possivelmente,
cinqüenta vezes mais amoníaco.*

CAPÍTULO 3

Nicotina: uma droga que vicia!

Viciado?... Eu?!!...
Como isso pode passar pela sua cabeça?
Só porque gosto de cigarro você vem me dizer
que sou um viciado? Pelo amor de Deus!

Desculpe, mas você é viciado, sim. Sem querer ofender, esse hábito que você tem há tanto tempo converteu-o em um fiel adepto do tabaco; talvez sem se dar conta de que, a cada tragada, ele rouba seu dinheiro, sua saúde, sua vida e, de passagem, daqueles que o rodeiam.

O tabaco contém inúmeros compostos químicos entre os quais se destaca a *nicotina*, cujas propriedades viciantes causam essa imperiosa necessidade de fumar que o consumidor experimenta.

Além disso, esse componente atua como estimulante, com um efeito similar ao da *adrenalina* – o hormônio secretado pelas glândulas supra-renais – aumentando os batimentos cardíacos e a pressão sangüínea.

Assim como as demais substâncias conhecidas como psicoativas (*cocaína, heroína, maconha*, entre outras), a nicotina produz dependências física e psicológica.

Em virtude de seu efeito "calmante" ser menor, à medida que o organismo se habitua à sua presença no sangue e no sistema nervoso, a pessoa sente necessidade de aumentar progressivamente a dose. É o que se conhece por *tolerância*: pouco a pouco o fumante precisa fumar mais para se sentir satisfeito.

O nível de dependência de uma pessoa varia conforme a quantidade de nicotina consumida e o tempo durante o qual essa substância foi fornecida ao corpo.

Por que essa necessidade de cigarro?

Quando você se inicia no hábito de fumar, seu organismo cria uma série de receptores nas células do sistema nervoso e do aparelho circulatório, que se encarregam de receber ou captar os compostos químicos da nicotina. Tais receptores surgem e existem unicamente graças à nicotina. De fato, necessitam dela para conservar-se e multiplicar-se.

Receptores de nicotina

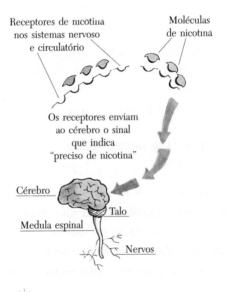

À medida que o fumante continua consumindo tabaco, o número de receptores aumenta e a demanda de nicotina, conseqüentemente, é maior. Em outras palavras, os receptores enviam ao cérebro sinais que indicam "preciso de nicotina".

É por isso que uma pessoa que fuma várias vezes ao dia tem uma dependência maior – desde o momento em que acorda – do que aquela que só consome um ou dois cigarros por dia.

Quando um fumante não consegue controlar seu desejo de fumar, fala-se, então, de *dependência física*; quer dizer, se não der a seu organismo a dose de nicotina, será muito difícil iniciar suas tarefas diárias, concentrar-se e realizar as rotinas às quais está acostumado.

A síndrome de abstinência

Se em alguma ocasião você tiver tentado abandonar o cigarro e tiver sentido como se "tudo estivesse contra você", o que na realidade lhe aconteceu foi que experimentou a *síndrome de abstinência*, a mesma apresentada por aqueles que consomem outras substâncias viciantes e que estão em processo de largá-las.

Entre os incômodos causados pela ausência de nicotina, podem-se enumerar os seguintes:

- irritabilidade;

- agressividade;

- falta de concentração;

- perda de apetite;

- sudorese;

- dor de cabeça;

- sensação de sufoco;
- taquicardia;
- náuseas.

Nem todos os sintomas se apresentam sempre, nem o fazem com a mesma intensidade; por isso, aqueles que tentam deixar o cigarro sem orientação alguma em geral têm mais dificuldade em fazê-lo do que as pessoas que são orientadas sobre as situações que deverão enfrentar.

Uma vez que se tenha deixado de fumar, sente-se a síndrome de abstinência, em geral, por cerca de 1 semana, embora esse período não seja igual para todos os fumantes. Entretanto, pode-se combatê-la com o uso de produtos que contenham nicotina, os quais subministram ao organismo certa dose da substância, no começo maior, sendo reduzida à medida que o hábito for sendo rompido (veja Capítulo 4, seção Terapia farmacológica).

O tipo de cigarro não faz diferença

É provável que em seu desejo de diminuir a dose de nicotina você tenha decidido mudar o tipo de cigarro que vem consumindo por outro "menos prejudicial", por exemplo, uma marca que tenha filtro, que seja *light*, ou ainda com baixos teores de nicotina. Porém, não se iluda... Leia por quê!

Cigarro com filtro *versus* cigarro sem filtro

O filtro não chega a evitar o ingresso de substâncias tóxicas no organismo. Leve em conta que os componentes de um cigarro com filtro são iguais aos que existem em um cigarro sem filtro. E mais. A parte do cigarro mais próxima ao filtro é a mais tóxica em virtude da concentração de substâncias causada pela combustão do tabaco e do papel.

A moda *light* ou baixos teores de nicotina

Muitos fumantes acreditam que ao consumirem cigarros *light* ou com baixo teor de nicotina e alcatrão reduzirão sua exposição às substâncias tóxicas e seu vício em nicotina.

A verdade é que, em virtude de o corpo já ter se acostumado a uma determinada dose, o fumante, sem se dar conta, aumenta o número de cigarros que consome. Desta forma, enquanto antes fumava três ou quatro cigarros habitualmente, dos *light* chega a consumir até o maço todo. Quer dizer, a dose de nicotina continua a mesma. Entretanto, se o fumante não aumentar o número de cigarros, de fato receberá menos nicotina, mas continuará consumindo inúmeras substâncias tóxicas contidas na fumaça.

O charuto e o cachimbo também viciam

O tabaco, ainda que na forma de charuto ou de cachimbo, também contém nicotina. Por esse motivo, quando um fumante suspende o consumo de qualquer dos dois, experimenta igualmente os sintomas da síndrome de abstinência que se apresentam quando se deixa o cigarro.

CAPÍTULO 4

Como **deixar** de **fumar?**

C ertamente, depois de tudo o que você sabe e do que leu aqui, sua motivação para deixar de fumar é maior ou suficientemente forte para se decidir. Vamos ver, então, de que maneira é possível colocar em prática um bom método para alcançar seu propósito.

São várias as fórmulas ao alcance do fumante para facilitar-lhe o processo e obter êxito; não é possível determinar qual delas é a mais eficaz, pois as preferências e a personalidade de cada indivíduo diferem amplamente. O importante é encontrar a que melhor se adapte a seu caráter, estilo de vida e necessidades.

A seguir, apresentamos as alternativas mais usadas, às quais se atribuem resultados efetivos; também daremos alguns conselhos práticos para você levar em conta ao desenvolver sua própria estratégia ou plano para deixar de fumar.

Entretanto, é preciso que você tenha em mente que a escolha de um método específico ou a combinação de vários é uma questão pessoal; o importante é que você estabeleça o procedimento ideal. Algumas pessoas alcançam seu objetivo com o abandono repentino enquanto outras necessitam de algumas semanas ou precisam se submeter a tratamentos mais sofisticados e prolongados (3 ou 4 meses).

O processo poderá ser mais fácil se você se apoiar em conselhos como os seguintes:

Táticas para facilitar seu propósito

- Antes de iniciar qualquer estratégia, faça uma lista das razões pelas quais você *quer deixar de fumar* e escreva-as em um caderno. Tenha certeza de qual é a principal e registre-a em sua mente como apoio básico. A motivação é um motor-chave na obtenção de bons resultados.

- Leia a lista de razões cada vez que sentir vontade de acender um cigarro, charuto ou cachimbo.

- Proponha-se a identificar e tomar consciência das circunstâncias em que você fuma, quando e com quem. Assim será mais fácil planejar seu procedimento.

- Evite as situações de tentação. Muita gente fuma quando está rodeada de pessoas que fumam. Se você for uma delas, evite essas situações.

- Seja qual for o método eleito, decida exatamente a data e a hora em que começará... e cumpra sua proposta! Isso se aplica tanto aos que querem fazê-lo "de uma só vez" (procedimento que muitos ex-fumantes recomendam) como para os que preferem ir diminuindo o consumo pouco a pouco. Envolva outras pessoas; o apoio de familiares ou amigos pode lhe servir de suporte nos momentos em que sentir necessidade de voltar ao hábito.

- Uma vez iniciado o processo, introduza imediatamente em seu discurso a frase: "Não, obrigada, eu não fumo".

- Identifique as ações rotineiras com as quais associa o consumo de cigarro:

quando está no carro; ao falar ao telefone; ao tomar uma bebida; em reuniões com os colegas de trabalho etc. Assim você poderá enfrentar essas ações, tornando-se capaz de executá-las sem a necessidade de acender um cigarro.

- Se você se decidir por um plano de redução gradual, procure deixar os cigarros longe do seu alcance, em um cômodo contíguo, de tal maneira que se torne uma chateação ter de ir buscá-los. Troque a marca para uma que não seja do seu inteiro agrado ou compre cigarros soltos; se tiver o hábito de fumar com a mão direita, faça-o com a esquerda; tire os cinzeiros da vista.

- Mude algumas coisas de lugar em seu ambiente rotineiro – móveis do escritório ou da casa – para assim eliminar possíveis posições ou objetos que se relacionem com a ação de fumar. Se você desfrutava de um cigarro sentado em uma poltrona em frente à varanda, retire o móvel desse lugar; se o fazia ao tomar o cafezinho das 10 horas da manhã, adie-o para mais tarde ou substitua-o por um copo de água ou suco.

Lembre-se de que a decisão de abandonar o cigarro depende de você e de mais ninguém, assim como o tempo de que necessita para consegui-lo.

Terapia farmacológica

Com base no conceito de que o hábito de fumar se sustenta mais na nicotina presente no organismo do que no hábito social, os laboratórios farmacêuticos desenvolveram três tipos de produtos que proporcionam ao fumante a dose de nicotina que está habituado a receber, para assim ajudá-lo a deixar o vício mais facilmente. Esses produtos oferecem à pessoa a vantagem de, ao usá-los, deixarem de consumir outra enorme quantidade de substâncias tóxicas e contaminadoras presentes no tabaco.

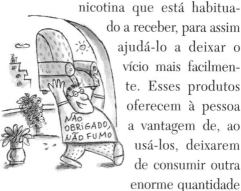

Pode-se encontrar no mercado *gomas de mascar*, *adesivos* e *inaladores de nicotina* para que o fumante, com o apoio de qualquer desses produtos, possa modificar os hábitos e condutas que o conduzem ao consumo de cigarro.

É importante deixar claro que durante seu uso a pessoa deve contar com a supervisão de um especialista (clínico geral ou pneumologista), porque esses produtos não estão isentos de efeitos colaterais. Então vejamos: Como eles atuam? Como devem ser usados?

- **Gomas de mascar de nicotina:** liberam a nicotina gradualmente, ao serem mastigadas lentamente. É fundamental saber que, quando são mastigadas apressadamente, a substância se dissolve muito rápido e pode provocar náuseas. Essas gomas de mascar facilitam o processo de abandono do vício, mantendo o nível de nicotina no sangue do fumante, evitando os sintomas da abstinência. Não obstante, o consumidor pode experimentar dor de estômago ou outros transtornos gastrintestinais.

- **Adesivos de nicotina:** são feitos para subministrar ao corpo a dose diária de nicotina, através da pele. Em geral, recomenda-se que sejam utilizados diariamente durante períodos de 6 a 12 semanas. Seus efeitos favorecem bastante o processo de abandono do cigarro, embora precise ficar claro que não representam uma cura garantida contra o vício em nicotina. Às vezes podem causar irritação na pele no local onde o adesivo é fixado.

- **Aerossóis nasais e inaladores orais de nicotina:** a eles não são atribuídos os mesmos efeitos favoráveis que podem ser obtidos com as gomas de mascar e os adesivos.

- **Bupropiona:** medicamento anti-depressivo que também auxilia no abandono do fumo ao aumentar certos tipos de atividade no cérebro. Não contém nicotina e deve ser receitado estritamente por um médico.

Controle individual

Refere-se a qualquer plano que você leve a cabo sozinho. Este método contempla:

- **O abandono repentino:** considerado o mais popular e a forma mais eficaz

para se deixar de fumar. É também a mais rigorosa e difícil. As primeiras semanas são as piores, pois a necessidade de nicotina é premente. Porém, se a pessoa conseguir persistir, terá maiores probabilidades de tornar-se um ex-fumante. O *segredo do sucesso* está em NÃO se deixar levar pela crença de que "demonstrei tanta força de vontade que mereço uma tragadinha".

- **O abandono progressivo:** reduzir pouco a pouco o consumo (diário ou semanal) de maneira que o processo seja mais "confortável", até chegar a eliminar totalmente o consumo. Tem o inconveniente de que, por ser o próprio fumante quem estabelece "as regras" de redução, ele facilmente as quebra.

Saiba que as estatísticas afirmam:

- 58% dos fumantes deixam o consumo por vontade própria. Desta porcentagem...

- 10% o conseguem de forma repentina, depois de definir uma data para fazê-lo;

- outros 10% alcançam seu objetivo diminuindo gradualmente o número de cigarros;

- 20% se dividem entre os que recorrem a métodos de substituição (doces, biscoitos, verduras etc.);

- e o restante geralmente recorre a programas médicos especializados.

Um conselho:
Compre cigarros um a um,
e não um maço inteiro.

Plano de 1 mês para deixar de fumar

Esta opção, sugerida para ser realizada durante 1 mês, é uma estratégia que você pode adaptar a seu caso pessoal.

Oferecemos como sugestão e lembramos que pode ser repetida quantas vezes forem necessárias, em caso de não se conseguir êxito da primeira vez.

Leve em conta que nem todos os fumantes são iguais. O grau de dependência da nicotina é diferente e isso determina, em grande parte, a eficácia do método. Cada procedimento funciona diferentemente para cada pessoa.

1ª semana

- Estabeleça uma data para iniciar o plano para deixar de fumar.

- Escreva sua própria lista das razões pelas quais você quer deixar de fumar.

- Faça um quadro parecido com um horário escolar, assinalando os dias e as horas da semana.

- Proponha-se a marcar em cada casa o número de cigarros consumidos a partir da data estabelecida.

Exemplo de horário – 1ª semana

Hora \ Dia	Domingo	Segunda	Terça	Quarta	Quinta	Sexta	Sábado
das 6 às 8	1	1	2	1	X	1	X
das 9 às 11	2	2	1	3	1	2	1
das 12 às 14	1	1	X	2	1	2	2

2ª semana

- Quando terminar a semana e, de acordo com o consumo diário, comprometa-se com uma redução do número de cigarros, charutos ou cachimbos que fumará nos dias da semana seguinte.

- Modifique as rotinas ou atividades que o levam a acender um cigarro e procure eliminá-las de sua vida.

- Inicie, em uma academia, um programa de atividades físicas com orientação médica e deixe o sedentarismo. Programe as sessões de acordo com o horário em que precise distrair sua atenção.

- Releia as razões para deixar de fumar; isso lhe dará novas forças para seguir adiante.

- Controle-se; não peça cigarros a ninguém. Estabeleça horários específicos para fumar e não os altere.

- Faça um tratamento de branqueamento dentário e use-o como desculpa perfeita para não fumar.

Exemplo de horário - 2ª semana

Hora \ Dia	Domingo	Segunda	Terça	Quarta	Quinta	Sexta	Sábado
das 6 às 8	X	1	1	X	X	1	1
das 9 às 11	1	1	1	2	1	X	1
das 12 às 14	1	X	1	1	1	1	X

3ª semana

- Na terceira semana, continue reduzindo o número de cigarros fumados no dia.

- Carregue consigo caramelos ou gomas de mascar de baixas calorias, pedaços de cenoura ou frutas para serem consumidos quando sentir desejo de fumar fora das horas estabelecidas.

- Cada vez que sentir desejo de fumar, procure algo que distraia sua atenção: beba um copo de suco ou de água, tire um cochilo, tome uma ducha, assista à televisão, ouça música, limpe a casa, pratique algum esporte, telefone para alguém etc.

4ª semana

- Você está a ponto de chegar ao dia assinalado para ser um *ex-fumante*!

- No dia anterior à data fixada, desfaça-se dos cinzeiros, isqueiros e, certamente, dos cigarros, charutos ou cachimbos que ainda tenha.

- Limpe, lave e ventile a casa ou o local de trabalho, para eliminar qualquer cheiro de tabaco.

- Conscientize-se de que *é agora que começa a verdadeira prova*. Escolha uma frase que possa dizer toda vez que sentir necessidade de fumar, por exemplo: "Hoje não, amanhã sim".

- Assegure-se de que sua família, amigos e colegas de trabalho estejam cientes de que *você parou de fumar*, para que não lhe ofereçam cigarros nem tabaco.

- Peça a seu cônjuge e a sua família que colaborem se o virem de mau humor, tenso ou silencioso nos primeiros dias. Peça-lhes que entendam que você está passando pela síndrome de abstinência, que durará poucos dias. Eles poderão ajudá-lo a superá-la.

- Você agora já está no caminho de ser um *ex-fumante*. Felicite-se e conscientize-se. Agora o dinheiro que gastava em tabaco pode ser aproveitado em outra coisa: convide alguém para um cinema, compre algo que o fascine...

Controle em grupo

Em alguns países, diversas instituições ou centros de saúde contam com grupos de apoio, ao estilo dos Alcoólicos Anônimos – como o Grupo de Apoio ao Tabagista (GAT) –, para ajudar as pessoas a deixarem de fumar.

Além disso, existem campanhas que se baseiam no apoio entre fumantes e não-fumantes para que os primeiros busquem alternativas mais saudáveis. Informe-se em sua cidade ou comunidade.

Terapias alternativas

A medicina alternativa também oferece várias propostas que têm dado bons resultados para muitas pessoas.

- **Homeopatia:** alguns especialistas utilizam um composto chamado *sulfato de lobelina*, que exerce um efeito que "engana" o organismo, por ser semelhante ao da nicotina, e alivia a necessidade física dessa substância. Assim, o corpo reduz, paulatinamente, a demanda física de nicotina. Consulte um médico homeopata de sua confiança a esse respeito.

- **Medicina bioenergética:** voltada, basicamente, para buscar a dependência que existe entre o paciente e o cigarro, bem como encontrar os pontos de energia da pessoa que sofreram interferência e pelos quais chegou ao consumo do tabaco.

  O tratamento é totalmente personalizado e em nenhum caso generalizado. A bioenergética trata o paciente como um ser integral e, para isso, utiliza diversos instrumentos, como as mãos, luzes, cores e sons.

- **Acupuntura:** aumenta a produção de *endorfinas* no organismo, com o que se prolonga a sensação de bem-estar, permitindo que o fumante não sinta necessidade de consumir tabaco. Em geral, utilizam-se agulhas ou sementes colocadas em três pontos específicos da orelha.

- **Hipnose:** é um método que ganhou força durante os últimos anos. Baseia-se na auto-sugestão, mas, assim como os demais procedimentos, depende em grande parte da vontade do paciente. É considerado eficaz, especialmente como meio para libertar-se da "urgência" de fornecer nicotina ao corpo. É muito importante que seja conduzido por um especialista de reconhecida seriedade e trajetória. Pode ser mais caro que outros métodos.

*Qualquer que seja o tratamento
que você resolva escolher,
será preciso – antes de tudo –
seu desejo fervoroso
de abandonar o consumo de cigarro,
tabaco ou cachimbo.
Do contrário, nenhuma terapia será eficaz.*

Ajudas práticas

Seja qual for o método que você escolha, eis alguns conselhos que sempre lhe serão úteis para obter sucesso.

- Muitas pessoas fumam como meio de aliviar o estresse. Recorrer a técnicas de relaxamento, meditação, praticar ioga ou exercícios ajuda a canalizar a tensão de outra maneira.

- Consuma pequenas porções de frutas, vegetais ou proteínas durante todo o dia para manter estáveis os níveis de açúcar no sangue e assim "distrair" mais facilmente a sensação de abstinência de nicotina.

- Tome banhos regulares de imersão (em banheira ou ofurô) com *sulfato de magnésio* (sal de epsom ou sal amargo) para ajudar a eliminar a nicotina e o alcatrão do corpo. Use 230 g por banheira cheia; enxágüe-se debaixo do chuveiro.

Prepare-se mentalmente antes de deixar de fumar:

- Crie um ambiente agradável nos lugares onde permanece mais tempo.

- Tenha um projeto pessoal em mente e trabalhe nele.

- Trace para si metas fáceis de serem alcançadas.

- Não desanime se voltar a fumar; quem fez duas ou mais tentativas está mais próximo de conseguir parar.

CAPÍTULO 5

Vivendo a vida sem fumo

Durante as primeiras semanas depois de deixar de fumar, se tiver conseguido superar a síndrome de abstinência,

é provável que você experimente tosse forte com expectoração. Não pense que adoeceu por ter abandonado o cigarro; pelo contrário, você estará começando a se recuperar!

O que acontece é que, ao deixar o cigarro, o tecido das vias respiratórias dá início a um processo de recuperação até chegar a seu estado normal: os cílios voltam a se formar e começam a cumprir a tarefa de limpeza, expulsando o muco que se encontra nas vias respiratórias. A isso se devem a tosse e a expectoração.

O que você conseguirá ao abandonar o cigarro

Além de respirar melhor e deixar de tossir... de começar a perceber de novo os cheiros e sabores... de praticar um exercício ou esporte com maior facilidade...

de não ser mais um mau exemplo para seus filhos e de sua pele recuperar a aparência natural de sua idade, saiba que...

- só 30 minutos depois de ter apagado o último cigarro, sua pressão arterial e seu ritmo cardíaco alcançarão o ritmo normal;

- depois de 8 horas, a concentração de monóxido de carbono voltará a seu estado anterior e a de oxigênio terá subido ao seu nível normal;

- depois de 24 horas, começará a diminuir a eventualidade de sofrer um ataque cardíaco e as possibilidades de tê-lo irão diminuindo ano após ano, até que, uma década depois, os riscos serão iguais aos de qualquer pessoa que nunca tenha fumado;

- após 48 horas, as terminações nervosas começarão a se regenerar e a melhorar o olfato e o gosto pelos alimentos;

- três meses depois, a circulação sangüínea de seu organismo terá alcançado um melhor desempenho e a função pulmonar terá aumentado em 30%;

- depois de 9 meses, você perceberá uma visível diminuição da congestão nasal e da fadiga. Os cílios pulmonares terão se recuperado e, portanto, a capacidade de expectorar o catarro e resistir às infecções;

- em 1 ano, a possibilidade de sofrer de insuficiência coronária terá se reduzido à metade, comparada à de um fumante;

- Depois de 7 anos, o risco de sofrer de câncer da bexiga será igual ao de qualquer pessoa;

- as probabilidades de sofrer de câncer de pulmão, laringe ou boca vão-se reduzindo gradualmente; considera-se que, depois de 10 a 15 anos, aproximam-se das de uma pessoa que jamais fumou;

- o que é melhor: a Sociedade Americana de Câncer acredita que ao deixar de fumar reduz-se de imediato o risco de câncer do esôfago ou do pâncreas;

- e, por último, se você já tiver desenvolvido um enfisema, mesmo que a enfermidade seja irreversível, o abandono do fumo lhe facilitará imensamente a respiração e a progressão do mal será mais lenta.

Em caso de recaída

Embora haja muitos fumantes que jamais voltarão a provar um cigarro, charuto ou cachimbo, infelizmente devemos reconhecer que também são muitos os que depois de algum tempo terão sofrido uma recaída: "Seus bons propósitos transformaram-se em pura fumaça...".

Se você for um deles, não se dê por vencido, tente de novo! Quem disse que não pode conseguir definitivamente desta vez?

Não desista!
Anime-se já!

Mais informações

Na internet você vai encontrar vários *sites* com informações e dicas que podem ajudá-lo a deixar de fumar. Comece sua pesquisa nos seguintes endereços:

- Ministério da Saúde:
  http://www.inca.gov.br/tabagismo
  (*Disque Saúde*: 0800-61-1997)

- Associação Brasileira de Qualidade de Vida:
  http://www.abqv.org.br/artigos.php?id=31

- Associação de Defesa da Saúde do
  Fumante: http://www.adesf.com.br/
  deixedefumar.htm

- Aliança de Controle do Tabagismo:
  http://www.tabacozero.net/

- American Lung Association:
  http://www.lungusa.org

- Secretaria Municipal de Saúde do Rio
  de Janeiro: http://www.saude.rio.rj.gov.
  br/cgi/public/cgilua.exe/sys/reader/htm/
  preindexview.htm?editionsectionid=16

- Universidade Federal Rural do Rio de
  Janeiro: http://www.ufrrj.br/institutos/it/
  de/acidentes/fumo.htm

- Hospital Universitário da Universidade de São Paulo: http://www.tabagismo.hu.usp.br/ajuda.htm
- Universidade Estadual Paulista: http://www.viverbem.fmb.unesp.br/
- Universidade Estadual de Campinas: http://www.prdu.unicamp.br/vivamais/

Sumário

Capítulo 1
Fumar é um prazer.....................................11
    Por que você fuma?...................................12

Capítulo 2
Por que deixar de fumar? 19
    Os estragos causados pelo tabaco............20
    O cigarro durante a gravidez....................34

Capítulo 3
Nicotina: uma droga que vicia!................37
    Por que essa necessidade de cigarro?......39
    A síndrome de abstinência.......................42
    O tipo de cigarro não faz diferença.........44

Capítulo 4
Como deixar de fumar?.............................47
    Terapia farmacológica...............................52
    Controle individual....................................56
    Controle em grupo....................................65

Terapias alternativas 66
Ajudas práticas 69

CAPÍTULO 5
Vivendo a vida sem fumo 71
O que você conseguirá ao abandonar o
cigarro 72
Em caso de recaída 75
Mais informações 76